©김수우

신 정 민

꽃들이 딸꾹

애지시선 018
꽃들이 딸꾹

2008년 3월 6일 초판 1쇄 발행

지은이 신정민
펴낸이 윤영진
기 획 유용주 박수연 한창훈 이정록
편 집 함순례
디자인 함광일 이경훈
홍 보 전희주
펴낸곳 도서출판 애지
등록 제 2005-5호
주소 300-170 대전광역시 동구 삼성동 125-2 4층
전화 042 637 9942
팩스 042 635 9941
전자우편 ejiweb@hanmail.net

ISBN 978-89-92219-12-9 03810

애지시선 018

꽃들이 딸꾹

신정민 시집

□ 시인의 말

권투선수는 이길 거라는 확신 없이
링 위에 오르지 않는다
그러나 게임이 끝나면 두 사람 중 한 사람은 패자다
나는 거울 속의 내게 잽을 날리는 쉐도우 복서
싸움이 끝난 뒤 포옹을 나누는 복서들처럼
내게로 와서 이름이 되어준 상처들,
부를 때 거기 있어준 존재들과
뜨겁게 포옹을 나누고 싶다
기억으로 다녀오곤 했던 과거와
꿈으로 다녀올 수 있었던 미래가 있어
시 앞에서 늘 패자였던 나는 그래도 행복했나

2008년 새봄

신정민

차례

제2부 자루에 쏟아지는 얼굴들

제3부 바람의 나이테

제1부

수런거리는 고요

맨 처음

사과는
사과 꽃에 앉은 별의 더듬이가
맨 처음 닿은 곳에서 썩기 시작한다
바람이 스쳐간 곳
햇볕이 드나들며 단맛이 돌기 시작한 곳
맨 처음 빗방울이 떨어진 곳
사과는
먼 기찻길에서 들려온 기적소리
사과의 귀가 맨 처음 열린 곳에서 썩기 시작한다

익어가는 거야

씨앗을 품고 붉어지기 시작한 곳에서
사과는 썩기 시작한다
썩고 있는 체온으로 벌레를 키워
몸 밖으로의 비행을 꿈꾼다
온 힘을 다해 썩은 사과는 비로소 사과가 된다

홍어

말이 좋아 삭힌 거고 숙성이지 결국은 조금 상한 것 아니겠는가
시들어 꽃답고 늙어 사람답고 막다른 골목이 길답고
깨어 헛것일 때 꿈답던 꿈

우리의 한 시절은 모두 비非철에 이루어진다
냉동실에 안치된 채 구천을 떠돌고 있는 박봉규씨만 봐도 그렇다
노점공구상 그가 폭력적인 단속에 항의하다 분신, 목숨을 잃자
사람들은 그를 열사라 불렀다 우리 모두 열사가 될 수 있는 시대

그는 추리소설의 시작처럼 죽었고 덕분에 살아남은 우리들이 판을 쳤다

어둠아, 사람만큼 상한 영혼을 가진 물건이 어딨더냐

죽을똥 살똥 살아도 허구헌 날, 그날이 그날인 사람아

발끝으로 지구를 돌리다

낡은 토슈즈를 신은 거리의 무용수
발끝으로 지구를 돌린다

호두까기 인형이 왕자로 변할 때까지
힘을 준 발끝이 돌아간다
무용수의 몸이 돈다
지구가 돈다

더러워진 날개옷 여기저기 올은 풀어지고
틀어 올린 머리 밑으로 목이 길다

검은 눈 화장 아래 지젤의 이름이 새겨진 하얀 십자가
가볍게, 란 말이 한 바퀴 두 바퀴
어지러운 턴 아웃 스텝을 물고 늘어진다

점점 느려지는 춤,

지상에 한 점,
발끝으로 서서 그녀가 돈다

지구가 느릿느릿 돈다

순간

개 한 마리 순간에 뛰어든다
급브레이크를 밟는다
도망치는 개의 순간에 내가 뛰어든다

시간의 몸뚱이를 단칼에 탁!

두 동강 난 단면
갈라선 순간이 서로 멀거니 바라본다

순간은 아주 먼 데서 온다

집을 끌고 달린 개는
길들여질 무렵부터 달리기 시작했고
나는 에덴에서 쫓겨나면서부터 달리기 시작했다

달리는 것들은 모두 순간에 도착한다
다른 누군가의 순간에 뛰어들곤 한다

순간이 봉합되지 않은 채 달아난다
달아나는 뒷모습에 길이 따라간다
길 끝 어딘가에 집이 매달려 있다

향유고래

놀러가는 내게 그가 말했다 향유하는 모습이 좋아 보이네요 그때 난 향유고래가 향유란 이름을 어디서 얻었을까 궁금했다 뛰어가는 내게 그가 말했다 바쁘게 사는 모습이 좋아 보이네요 그때 난 어딜 가고 있는가 내게 물었다 술에 취한 내게 풀어진 모습이 좋아 보이네요 그가 말했다 궂은 날이면 아프곤 하던 관절들, 발길에 채여 저만큼 나동그라지던 몸뚱이 나선형 지하주차장을 내려가면서 뻘속의 고둥들이 왜 몸을 나선형으로 키우는가 궁금했다 울고 있는 내게 너처럼 속 시원히 울어봤으면 좋겠어 그가 말했다 그때 난 어느 기차역에서 울고 있던 여자를 생각했다 기억을 향유하던 향유고래 지상에서 바다로 거처를 옮기기로 결정한 그때 이름 얻었을 거라 생각했다

모노타이프*

하루를 찍어낸다
조각칼이 지나간 곳에 산이 솟는다
칼끝이 지날 때마다 길이 생기고
사람이 태어나고 꽃이 핀다

내가 원하는 건
아직 귀가하지 않은 누군가의
불 꺼진 창문을 돋을새김 하는 것
찢어질 듯 얇은 달빛 한 겹 스며든 지상 하얗게 떠오른다
강가의 물억새가 바람 부는 쪽으로 쓰러진다

목판 위에 올려놓은 하루 한 장
벽돌과 벽돌 사이에서 불빛이 새어나온다
아주 조금 희미해져 있거나 몰래 흠집을 가지고 있는
하루, 온통 칼자국 투성이다
깊게 패인 곳이 더 선명하다

* 한 장만을 인쇄하는 판화기법

아무르 불가사리

아무르 불가사리를 토막 내면
다섯 개의 가방과 열 개의 의자와 스무 개의 태양이 생겨요

손잡이가 많은 가방 속에서
토막 난 스무 개의 나무기둥이 나오고

샛노란 의자에 너무 많은 다리가 새로 생겨요 마흔 여든, 새로 생긴 눈부신 태양이 의자에 앉으려는데

의자가 모자라 하늘에 떠 있어야 하는 태양이 새로 생겨요
번식력 좋은 아무르 불가사리를 토막 내면

꿈틀거리는 창문과 꼼지락거리는 구름과 기어 다니는 달이 생겨요
창문 달린 구름이 자꾸만 생겨요

눈부신 당신과 앙큼한 내가 셀 수 없이 생겨요

그늘공사

가진 거라곤 햇볕뿐이었다

안방 깊숙이 드러눕는 볕이 가장 빛나는 세간이었다
헛기침 새나가고 싸우는 소리 들락거려도
때 되면 놀다 가는 유일한 말벗이었다

외환은행 조감도에 가려진 열세 평 황제빌라
늘 위태로웠던 공터에 그늘공사가 한창이다

일조권을 보장하라
붉은 물감 찍어 쓴 말
젖은 옷들,
깃발은 묶여서도 펄럭였다

새벽은 어디로 올 것인가
농성이 시작되자 그늘 값을 쳐주겠다고 사람들이 다녀
갔다

햇볕 값을 흥정하러 다시 오겠다고 했다

왕관을 닮은 환기구가 바람에 헛돌았다
수상한 냄새가 돌았다

오발탄

203호에 이사 온 그는 총잡이다
그가 쓰는 권총의 방아쇠는 구둣발로 잡아당긴다
문 열어! 탕 탕 탕
열리지 않는 문을 향해 쏜 총알은
그의 마누라 귀에만 날아가 박히는 것이 아니라
출입구를 같이 쓰는 열 세대의 모든 귀에 날아가 박힌다
귀를 관통한 총알은 벽에 부딪혀 어지럽게 튕겨 나와
아이들의 인형을 쓰러트리고 거울을 깨부수고
담뱃재 수북한 재떨이를 날려버린다
왜 안 열어, 빨리 열란 말이야! 탕 탕 탕
이불 뒤집어쓰고 꾸던 꿈, 마저 꾸기 위해 눈을 감는 밤
잠 좀 자자고, 방아쇠가 입에 달린 105호 남자
한 소리 지를 법도 한데 어째 조용하기만 한 밤
드나드는 사람 뻔한 비둘기 맨션
한 번도 본 적 없는 203호 사람들
제발 열어, 열란 말이야! 탕 탕 탕
끝내 문은 열리지 않는다

그 집은 잠수함이다

굴뚝은 잠망경이다 갑판의 낡은 평상과 푸른 물탱크 그리고 몇 개의 벽돌로 만든 채마밭 어린 겨울초는 부표다 흐린 오후에 떠밀려 다니는 하늘이 시계에 부딪힌다 그 집은 희망을 수리하기 위해 잠시 지상에 떠오른 구형 잠수함 어디선가 탄도미사일이 추적해오고 있다 은밀하게 접근해오는 적함의 레이더에 포착된 표적물 녹슨 안테나는 끊임없이 허공에 희망을 타전해보지만 직직거리는 주파수를 타고 날아가는 희망 어디에 닿아 되돌아오는지 차가운 편서풍만 분다 고장난 부속을 구하러 나간 막내는 며칠째 소식이 없고 언제쯤 사랑의 어뢰를 장전할 수 있을까 늦은 저녁만 금 간 벽에 스며든다 계단 밑 봄을 향해 뒹구는 프로펠러, 아버지의 자전거가 녹슬고 있는 그 집은 아직도 수리 중이다

창窓

가둘 수囚를 쓸 때
사각의 한 귀퉁이 열어둡니다
숨 쉴 수 있도록
햇살이 오래 머물기를
그렇게 한참 바라보노라면
담요 하나 변기 하나
조촐한 방이 보입니다
밤이면 불빛 새어나오는 방
창문턱에 새라도 앉았다 간 날이면
혼자 부르는 콧노래 들립니다
장마 지면 빗소리
겨울이면 폭설 소식 하얗게 쌓입니다
창문 가득 별빛 들어 숨 막히면
달맞이 꽃 화분 놓입니다
그러니 가둘 수 쓸 때
한 귀퉁이 슬쩍 열어두는 일
잊지 마시길

바람막이*

기울어진 길을 누가 제일 잘 달리는가
중심 밖으로 기울어진 여섯 개의 트랙
선두주자의 속도를 방해하는 바람을 막기 위해
그는 앞에서 달린다

어디로 파고들 것인가
모든 기회는 그의 등 뒤에 있다

골인지점을 향해 속도를 내야 하는 마지막 한 바퀴
허벅지의 근육들 팽팽해지는 찰나
그는 재빨리 트랙 밖으로 사라진다
수없이 달렸지만 그에겐 기록이 없다
빗발치는 야유마저도 그의 것이 아니다

자전거는 삼백 개의 부품으로 달리고
사람은 단 하나의 외로움으로 달린다

* 경륜 선두유도원

희망여인숙

범일동 재래시장통에 있는 희망여인숙에 대해 말하려면
우선, 길옆에 늘어선 간판과 가게들을 지우고
이 길이 50년 전에 기찻길이었다는 당신의 말을 떠올려야만 한다
시장통에 레일이 다시 그려지고
손꼽아 기다리던 완행열차가 달려와야 한다
까까머리 병사들과 군수품을 실은 기차가 서서히 들어오면
골목에서 뛰쳐나온 아가씨들 손을 흔들고
히죽히죽 웃어대는 어린 병사들의 얼굴이 보여야 한다
입은 비뚤어졌어도 희망이라는 말, 간판 앞에 떡 버티고 있는 곳
지금이 50년 후라는 것을 잊어야 한다
연분홍 치마를 입고 여인숙 앞에서 서성거리는 저 여자
멀리서 봐도 소싯적엔 아리따운 처녀였을
아는 사람만 아는 그런 여자라는 생각은 버려야 한다
저녁거리 사들고 집으로 가는 사람들 지우고

바람에 펄럭이는 청과상 천막마저 지우고 나면
간신히 남아 있는 희망여인숙,
범일동 재래시장통에 있는 희망여인숙에 대해 말하려면
희망이란 말 밖에 보이지 않는 나를
제일 먼저 지워야 한다

뛰어내리다

벼락이,
폭포수가,
동백의 모가지가,
그들의 절벽에서 뛰어내린다
사람들은 옥상을 택하고
신발을 벗는다

병원 옥상에 주인 없는 휠체어
썩어 가는 다리를 잘라야 산다는 진단에
열아홉 처녀가 뛰어내린다
쥐죽은 듯 조용한 복도
말 없는 병실에 수런거리는 고요

도로변에 구두 한 켤레
가지런히 놓여 있다
하루하루가 벼랑 끝인 자에겐
늘 걷던 멀쩡한 길에도 절벽이 있다

주인 잃은 구두에 발을 맞춰보는 오후가
어둠을 향해 뛰어내린다

단서

내 죄는 머리카락으로 자란다

사랑한 죄, 입 다문 죄, 눈 감아준 죄,
내가 죽인 사람들의 검은 피가 자란다
자라서 바닥에 떨어진다
걸레로 훔쳐낸 물증이 아침마다 한 주먹이다

아버지가 떨어져 밟힌다
어머니가 먼지와 함께 뒹군다
머리를 곱게 빗은 내가 청소기에 빨려 들어간다

잘 썩지 않는 불안한 증거는 구석을 좋아한다
쥐어뜯긴 생각들은 수챗구멍을 막는다
나는 매일 아침 도망치고 있는 내 발자국을
쓰레기통에 버린다

나는 내 죄에 대한 단서를 매일 한 움큼씩 흘리고 산다

제2부

자루에 쏟아지는 얼굴들

꽃들이 딸꾹,

엄마가 몰래 딸꾹, 꽃잎을 먹었지요 꽃들이 자꾸 피어서 엄마는 딸꾹, 나 몰래 자꾸 꽃을 따 먹었지요 들키지 않으려고 딸꾹, 꽃을 삼키는 바람에 딸꾹, 딸꾹질이 멈추지 않네요 꽃이 죽을까봐,

엄마가 딸꾹, 죽을까봐 나는 이미 닫힌 약국 문을 두드려요 아홉 살 딸꾹, 나는 아직도 아홉 살 딸꾹, 딸꾹, 아무리 두드려도 문 두드리는 소리가 딸꾹, 들리지 않아요 너도 꽃 나도 꽃 꽃들에게 이름 붙이며 놀았는데,

그 겨울 칼바람이 딸꾹, 다시는 꽃 이름을 부르지 못하게 하였지요 꽃을 키우는 엄마, 엄마의 딸꾹질이 무섭다고 딸꾹, 꽃들에게 일렀지요 거짓말처럼 딸꾹, 엄마의 딸꾹질은 꽃이 되었지요 세상은 온통 꽃무늬뿐이었지요 딸꾹,

그녀, 상상을 주문하다

— 실험용으로 쓰겠다는 위를
한때는 내 것이었으니
기념으로 반만 달라고 의사에게 조르다

위가 없다
삼키는 것은 모두
머릿속에서 소화된다
뜨거운 상상력만이 주식,
슬픔이란 질긴 빵을 씹는다
유일한 군것질, 기억의 되새김
넓고 평평한 어금니로 으깬다
잘 씹히는 상상
통통하게 살이 찌는 상상
잠 잘 자는 상상
보고 싶은 얼굴 만질 수 있는 상상
햇빛과 바람이 비와 폭설을 대신하는 상상
늦은 일곱 시의 창문들
수 천 수만 개의 위장에 한꺼번에
불이 켜지는 상상

규칙적인 배설시간을 가진 상상
나선형 계단을 내려오는
끼니때 맞춰 배가 고픈 상상
한때는 내 것이었으니
기념으로 반의 반만이라도 달라고
상상을 조르는 상상

그녀, 매 순간 상상을 주문한다

큰눈무늬나방

날개가 아니라 눈으로 날아다녔다
날개를 차지해 버린 눈은 날개와 늘 다투었다
벽에 부딪히고 바닥에 떨어졌다
불빛 가까이 가려는 날개와
다가갈수록 눈이 부셔 감기는 눈

온전한 곳을 바라보기 위해
두 눈을 활짝 뜨는데
날개가 이내 몸을 접는다
초점이 흔들린다
아웅다웅 끝날 줄 모르는 싸움
나방의 귀가 가슴에 있는 건 잦은 다툼 때문

눈이 아니라 날개로 날고 싶었다
계단참에 떨어져 있는 나방
날개보다 먼저 감지 못한 눈이 떨어져 있다

스웨터

조금전 누군가의 따귀를 친 손이 스웨터를 짠다 짧은 겨울이 오면 편지를 쓰기로 한 약속을 잊어버리고 나 몰래 스웨터를 짠다 세 개 혹은 네 개의 바늘을 쉼 없이 움직이며 여섯 시를 일곱 시에 얽어 한 코를 만들고 여섯 시 십 분을 일곱 시 이십 분 코에 걸어 다시 한 코를 만든다 끊임 없이 구멍을 떠넘기며 알 수 없는 꽃무늬를 남긴다 구멍이 구멍을 향해 꼬이는 동안 이를 닦고 쓰레기를 버리고 달력을 넘기면서 스웨터를 짠다 하루, 한 달, 일 년, 촘촘했다 느슨해지면 풀고 느슨했다 촘촘해지면 다시 푼다 봄을 놓친 곳까지 풀어낸 실들이 방안을 어지럽히면 잘 풀리지 않던 두 시를 가위로 싹둑 잘라 엉킨 실타래에서 빠져나오는 가을에 묶는다 뜻하지 않게 눈부신 겨울로 훌쩍 넘어간 여전히 알 수 없는 꽃무늬를 만드는 동안 누구의 따귀를 쳤는지 아직도 얼얼한 손이 실 끊어진 줄도 모르고 부지런히 스웨터를 짠다

입

얼굴에서 입을 지웠다
손바닥으로 슥슥 지워 버린 입이 손바닥에 생겼다
손이 말을 하기 시작했다
귀찮은 입,
뿌리쳐 보았지만 계속 중얼거렸다
가슴에 문질러 지우려 한 입,
가슴에 입맞춤을 하였다
어깨를 껴안고 목덜미를 핥았다
무서워진 입,
입 없는 석고상 얼굴에 문질렀다
손바닥의 입이 사라졌다
입이 생긴 석고상이 말을 하기 시작했다
알아듣지 못할 말만 하는 입,
말랑말랑한 지우개는
석고상의 입을 지우지 못했다
흐느끼는 입,
할 수 없이 석고상을 바닥에 내던졌다

바닥에 입이 생겼다
발바닥에 달라붙은 입,
걸을 때마다 울어댔다

노새

그를 보러 사상터미널에 갔다
도착한 버스에서 사람들이 내렸다
차에서 내린 사람들이 이내 흩어졌다
모든 출입구가 잠시 북적거렸다

그는 손수레 옆에 서서 무거운 짐을 기다렸다
어디론가 다시 떠나는 자의 짐을 수레에 실었다

그도 한때는 무거운 짐이었다
늙은 그를 터미널에 부려 놓고 떠나 버린 시간
검은 모자 밑의 쭈글쭈글한 얼굴이
커다란 가방을 옮기고 있다

평생 타인의 짐을 실어 나른 그가 운다면
분명 나귀의 울음소리일 것이다

지금도 그를 그리는데 죽은 고야가 필요할까*

무거운 회색조의 하늘에 그어진 수많은 전선들
고독을 달래기 위한 자화상이
사상터미널에 걸려 있다

* 노새를 그리는 데는 고야가 필요하다
— 헤밍웨이의 '사자死者의 자연사自然死' 에서

초원에서

어린 양이 죽었다
이제 이 넓은 벌판은 주검의 커다란 그릇

바람이 하늘에 올리는 제사를 보았는가

어린 양의 주검을 향해 모든 것이 이동한다
눕는 법을 배우기 시작한 풀들이
일제히 들판의 중심을 향해 기운다
노을의 붉은 행방이
누군가의 손에 켜진 불빛이
주검을 향해 쏟아진다
가죽만 남은 저녁
일어서지 않는 터럭을 쓰다듬는다

둥근 지평선을 돌아보는 동안
눈 닿지 않는 곳에 쓰러진
내 슬픔의 하찮음이여

용서하시라

아주 먼 곳,
문 없는 부엌에서 요리가 익고 있다
쟁반 가득 독한 술과 어울릴 기름진 어둠이
중심을 향해 달려오고 있다

안녕, 블라디보스톡

혼자서 밤길을 걷는다는 것은
시든 베고니아 꽃보다 슬픈 것

보드카로 달래보는 추위는 사랑을 견딜 수 없게 하고
팔짱을 끼고 걷는 어둠은 떠나 버린 연인을 더욱 그립게 한다

사랑보다 이기적인 것은 없더라
연인을 좀 더 생각하다 가겠으니 시간 먼저 가라던 노래

낯선 곳에 묻어두고 오겠다던 이름아
맹세는 늘 어긋나더라

가슴 안 가슴을 가진 러시아 인형들아
영혼은 상처를 받지 않는다는 말이 사실이더냐

까페 앞을 서성대던 처녀들이 콜택시를 타고 사라질 때

지상에 닿지 못한 별빛 아래 무표정한 누이보다 쓸쓸
해서
시린 손끝에 입김을 불어본다

타향아, 나 잠시 다녀간다
성냥불 같은 이 순간들이 꺼지면
바다 끝에 누가 서 있는지 나, 더 이상 묻지 않으마

등대이발관

김제평야 한가운데 둥둥 떠 있는 이발관이 있다
누렇게 익어 출렁이는 바다
퇴역한 늙은 등대지기
이발관을 열었을 때
그만 바다가 되어 버린 평야가 있다

세월 벗겨진 간판에 삐뚤어진 필체로 쓴 이발관
창문에서 뻗어 나간 불빛이 파도의 머리카락을 자르면
지나는 바람 소리에 서걱대는 가위질 소리 묻어났다

그리움이 해일처럼 일어서는 저녁
풍랑에 흔들리는 논둑 끝에
두어 채의 집이 달빛에 걸려 글썽였다
돛을 펄럭이며 돌아오는 노을, 이발관 창문에 철썩이고
누군가의 노크소리였다가
때론 이발사의 이름을 부르기도 하는 파도소리
환청에 익숙한 적막을

늙은 이발사는 마른기침으로 떨쳐냈다

하늘 반,
김제평야 한가운데
난바다의 머리를 다듬는 이발관이 있다

부업
— 인형만들기

인형의 얼굴은 아직 앞뒤가 없다

주먹만 한 헝겊에 솜을 밀어 넣은 얼굴
매듭 묶이는 곳이 뒤통수다
뒤통수를 뚫고 나온 실
다시 뒤통수에 꽂아 잡아당기면
움푹 패인 눈이 생긴다
보이지 않는 눈 때문에 이마가 생기고
못생긴 코가 저절로 생긴다
붉은 종이입술도 그때서야 씨익 웃는다

아침이면 수천 개의 얼굴이 생겼다
집집마다 트럭이 돌면서 얼굴을 수거해갔다
커다란 자루에 쏟아지는 얼굴들
모두 웃고 있다 웃느라 앞을 볼 수 없다
실컷 웃었더니 눈물이 났다
비극이 완성되었다

붓

두들겨 맞아야 육질이 부드럽다고
빈집 처마 기둥에
싯누런 터럭을 가진 개가 매달려 있다

주인의 발자국 소리에도 흔들리고
밥그릇에 쏟아지는 끼니에도 흔들리더니
이젠, 너무 많은 것이 쓰인 지상 위에
무언가를 쓸 듯 묵묵히 집중하고 있다

지상을 향해 준비된 개꼬리

먹물 적시지 못했으니 쉬 읽긴 틀렸어도
고심 끝에 한 마디,
한 점도 그어선 안 되는 그 무엇,

온 몸으로 쓰고 있다

고양이 1

골목에서 뛰쳐나오는 고양이가, 담장에서 뛰어내리는 고양이가, 새끼의 목을 물고 잠자리를 옮기는 고양이가, 앞으로 나란히, 바로

주인도 몰라보는 고양이가, 집에서 쫓겨난 고양이가, 쥐를 피하는 고양이가, 뒤로 돌아 3보 앞으로 받들어 총,

야—옹을 세 번 크게 복창한다, 실시, 털이 빠지기 시작한 고양이가, 쓰레기통을 뒤지던 고양이가, 행진하면서 15도 각도로 절룩거리는 고양이가, 좌향좌, 우향우

호루라기 소리에 맞추어 간결하고 정확하게, 개 같은 고양이가, 쥐새끼 같은 고양이가, 이열 종대로 정렬, 뒤로 취침,

한눈 팔지 않고 명령에 움직이는 고양이, 누가 언제 어디서 무엇을, 신경 쓰지 않는 고양이가, 어슬렁거리다 차

에 치인 고양이가, 차렷, 열중 쉬어,

낙원표구사

주인이 불을 끄고 퇴근하면 액자 속에 맺혀 있던 양귀비가 핀다 꽃병 앞에 놓인 모과 두 알이 데굴데굴 굴러 바닥으로 떨어진다 틀 밖으로 흐르고 있는 천불동 계곡에 나무 그늘이 거뭇거뭇 떠다닌다 창 밖으로 택시가 가끔 지나갔지만 그들의 소란을 눈치채지 못한다 세상에서 가장 아름다운 건 모든 것이 제 자리에 있는 것, 내일 아침 주인이 출근하기 전에 제 자리로 돌아가면 된다 개양귀비꽃이 다시 지고 못생긴 먹배 두 알이 꽃병 옆에 앉고 그림 같은 구천동 계곡이 흐른다 주인은 또 아무것도 눈치채지 못한다

리모컨을 쥔 오후

#채널 12

짧다,라는 말은 턱수염처럼 까끌까끌해요 지루했던 영화가 끝나자 사람들이 우르르 몰려나왔죠 배우들의 대사는 짧았고 한여름의 우기도 짧았죠 우리가 생각해야 할 결론도 짧은 인생이었죠 세상에서 가장 긴 말은 짧다,였죠 백 미터 기록을 사람들은 10초 근처에서 해치웠죠 한낮이 점점 짧아졌죠 차가운 얼음물에 넣은 손을 금방 꺼내었죠

#채널 5

내가 이렇게 부푼 건 애인의 전화를 기다리기 때문이죠 당신을 사랑해,라고 말하려 했는데 전화가 오지 않았죠 젠장, 일요일이 왜 자꾸 돌아오는 거야 너만을 사랑했어,라고 말해주려 했는데 사랑이란 말은 걸쭉한 밀가루 반죽, 공갈빵처럼 버블버블 부풀었죠 죽음 때문에 서둘렀던 사랑, 사랑이 벌써 식었나 전화벨은 울리지 않았죠

#채널 9

여권사진을 찍어요 잡지에 나오는 사람의 머리를 오려 내고 내 얼굴을 붙여요 찰칵찰칵 찍은 얼굴, 불붙은 담배에도 붙이고 비어 있는 수프 그릇에도 붙여요 사랑하는 사람이 죽으면 가는 곳이 머리라네요 4시 30분이란 영화, 출장 중인 엄마를 기다리는 소년과 죽은 애인을 잊지 못하는 청년이 껴안자 짧은 불똥이 컷, 컷, 컷, 튀었죠 두 사람의 얼굴이 바뀌었죠

#채널 3

비비원숭이의 번식기였죠 서열 낮은 원숭이가 순간을 노려요 우두머리의 암컷 근처에서 두툼하게 부어오른 엉덩이를 힐끔거려요 기회란 쉽지 않은 법, 언덕도 아닌 곳에 서 있는 힐 모텔 후문, 두 개의 그림자를 길은 순식간에 해치워요 그네를 타다가도 바나나를 먹다가도 힘센 수컷들이 부산한 우리 속, 곁눈질을 게을리 해선 안 되었죠 사

랑은 아니었죠

#채널 60

벽에 붉은 페인트를 발라요 붉다,의 다른 이름은 아름답다 거든요 수천 개의 붉은 신호등이 한꺼번에 켜져요 먼 여행지의 광장에서 보았던 붉은 깃발들이 일제히 펄럭여요 수만 송이의 튤립이 한꺼번에 피어 흐드러지고 아기를 원하는 처녀들의 마법이 시작되어요 으깨어진 꽃잎, 꽃잎들이 바람에 날려요 붉은 벽이, 아름답다,란 말이 자꾸 따라와요

#채널 2

서양 장미가 피어있는 정선생네 정원을 훔쳐보았죠 춤선생인 그의 안방에서 흘러나오는 뽕짝리듬을 들었죠 살짝 열린 문틈으로 하얀 양말을 신은 발목들이 춤을 추었

죠 마실 나간 엄마는 돌아오지 않고 그 집 딸, 자라지 않는 은선이가 시집 보내 달라고 고래고래 악을 썼죠 탱자나무 울타리 밑에서 희고 가느다란 정선생의 손을 잡고 탱고, 탱고, 탱고리듬에 맞춰 춤을 추었죠

#채널 40

혼자서 화투패를 돌렸죠 비, 풍, 초, 똥, 팔, 삼, 일이 막힐 때 먼저 던졌죠 점수 나는데 도움 안 되는 오끗, 손에 쥔 패를 부챗살처럼 폈죠 광 때문에 이긴 경우는 없었으므로 빛나는 팔광을 맨 끝으로 밀어놓았죠 약이 될 건가, 바닥에 깔린 흑싸리 열 끗 위에 목단을 힘껏 내리쳤죠 보이지 않게 엎어놓은 패가 뒤집혔죠 또 헛손질이었죠

#채널 7

새벽 다섯 시에 가로등이 꺼졌죠 빈 택시가 비탈길을

내려갔고 회동수원지의 안개가 몰려왔죠 지붕 위의 물탱크들이 사라지고 오늘도 무사할까, 검은 창문들이 고양이처럼 조용조용 울어댔죠 좁은 계단들이 낮은 풍금소리를 냈죠 우울함을 위하여 일하는 사람들의 시간, 밤새 깜박거린 외환은행 점멸등이 꺼졌죠 능선이 희미해지기 전에 노인 한 분 산으로 걸어갔죠

제3부

바람의 나이테

해

깊은 바다 어딘가에
해를 만드는 대장간이 있다
울렁이는 파도거죽 들추면
쇳덩이 두들기는 메질소리
불이 괄하게 핀 화덕 속에서
방금 꺼낸 시뻘건 쇳덩이 모루에 놓고
어둠 두들기는 소리 들린다
쩍쩍 금이 가려는 해
풋울음 멈추고 제 울음 찾아 울 때까지
둥근 가장자리 반반해지도록 담금질한다
맞을만큼 맞아야 빛나는 해
곰망치로 햇살을 편다
단쇠 낸새 뒤엉킨 풀무소리 그치면
나이테를 새긴 방짜해가
수평선 위로 쑤욱 떠오른다
감은 눈에도 새벽은 그렇게 온다

솥

못 쓰게 된 비행기로 만들어서
닦을수록 빛난다던 울 엄니 솥
고향집 시렁 위에 몇 년째
저걸 어디에 써먹나, 궁리 치우려는데
어릴 적 목욕물이 끓네
푸른 무청 같은 먼 저녁
입 많던 시절의 멀건 국이 끓네

그을음 아니었다면
엄니가 흘린 말씀 참말인줄 몰랐을
날개에 새겨진 우주표
어릴 적 잠 깨우던 바람소리
울 엄니 솥 날아다니는 소리

비행기가 추락했다는 소식 들릴 때마다
몇 개의 솥을 만들 수 있을까,
뺨 맞을 생각 지울 수가 없네

돌강

달도 기울면 무덤을 찾는다

금정산 동문 근처
사막을 건너온 달들이 돌이 되어 뒹굴고 있다

수명 다한 달들의 계곡
둥근 빛은 썩어 없어지고 찌그러진 몸통만 남아
흐르는 물소리에 돌돌돌 구르다 보면
이 강의 하구쯤에서 남은 뼈마저 닳아 없어질
울퉁불퉁한 달의 기억

쿵—
캄캄한 밤
미끄러지듯 지상에 도착하고 싶었지만
어둠에 그 큰 이마를 찧고 마는 소리
바람도 없이 숲이 흔들리는 건
지친 달이 또 하나 찾아들었기 때문

13미터

하루는 사람이 가장 두려워하는 높이를 가졌다

올라갈 수도 없고
내려갈 수도 없는 이 곳에서
내 두려움의 온도는 일정하다

사람과 사람 사이
그 틈을 붙잡고 오른 높이에서
두려움의 비중은 몸무게보다 무겁다

하루는 13미터
나는 매일 그만큼 올라갔다 내려온다

아무도 가르쳐주지 않은 추락에 대해
몸은 벌써 알고 손을 놓지 못한다

허리에 묶인 밧줄을 잡아준 누군가가

발끝에 힘 모으고 일어서라, 외치는데
디딜 곳 없는 비명이 터진다

나는 두려움을 확인하러 암벽에 오른다

와디*

몬순이 시작된 곳,
나는 그들의 구름을 훔쳤다

이름 많은 킬리만자로의 마지막 웅덩이가
똥을 누지 못한 배불뚝이 소년의 크고 깊은 눈 속에 있다
그렁그렁한 눈동자 속에 뒹구는 물소의 두개골

한 양동이의 물을 위해
아프리카 여인들이 나를 향해 걸어오고 있다
말라 버린 강에 대해 자주 말하였으므로
늙고 병든 아버지를 낙타에 자주 비교했으므로
내가 잠들기만을 기다리는 땅 속 깊은 물줄기를
나는 돌려주어야만 한다

온 몸에 빗살무늬 문신을 새기며
조금 더 멀리 물을 찾아 나선 아프리카
세기의 다큐멘터리가 재방송되었으나

나는 손등의 푸른 지류만을 만지작거릴 뿐

계절은 바람의 방향을 바꾸지 못했고
내가 훔친 먹구름은 비가 되지 못했다

* 비가 내릴 때만 물이 흐르고 이내 말라 버리는 골짜기

사라진 머리들

필요 없다,

생선손질 하면서
물고기 머리의 머리를 쳐낸다
이제 바다는 더 이상 하늘이 아니다

목구멍 끝까지 올라온 말들
연기로 흩어지는 굴뚝 끝에도 머리가 없지 않은가

머리 없는 부처
날더러 머리를 쳐내라 한다
하늘에 닿지 않은 머리
아직 이고 서 있냐고

풀지 않은 가부좌 여기 두고
어디 먼 데
눈 감지 않은 부처

만리향인 듯 다녀가신다
살짝 먹은 내 귀에 바람소리 다녀가신다

내 것 아니다
뚝, 잘라 버린 머리
두엄밭에 뒹굴고 있다

백년 뒤로 보내는 편지

사랑 때문에 살고 사랑 때문에 죽던 시절이었다
사랑을 사고팔던 시절이었다
주기적으로 복고풍이 순환되었고
모든 사건의 배후에 숨어 있는 사랑이
덫으로 애용되던 시절이었다
인생은 짧다는 말이 가장 큰 함정이었던 시절이었다

'그래, 당신은 무엇을 빼앗겼습니까?'
'무엇을 빼앗겼는지 모르겠습니다, 아니
아무것도 빼앗기지 않은 게 분명합니다.'

일부일처제가 유행하던 시절
사랑해야 할 것이 정해진 율법의 시절
서로 사랑하라 서로 사랑하라
사랑이 가장 위험한 시절이었다
'다른 것도 아니고 사랑 좀 하겠다는데'

들통 날 순간에 댈
여러 가지 거짓말을 준비하며 살았던
하, 수상한 시절에 몰래 이루어진 일들이 있었다
사랑하며 사는 것이 전쟁이었던 시절이었다

'아빠, 사랑이 뭐예요?'
'음. 절대 일어나선 안 될 일이지만
자주 일어나는 일이란다.'

동굴사진사

어둠 속으로 출근한 그는
더 이상 갈 수 없다는 동굴 속 푯말 앞,
막다른 곳에서 관광객들의 사진을 찍는다
어둠이란 배경은 늘 조심스럽다고
불빛 박힌 눈동자, 실패한 사진을 견본으로 내놓는다
비록 갈루와*의 시력을 가졌으나
거꾸로 선 그의 피사체들은
존재증명 혹은 부재증명을 위해
수첩 속 내 아버지처럼 가장 근사한 포즈를 취한다
모든 죽음이 그렇듯 그의 사진은 좀처럼 실패하지 않는다
어디에 서 있어야
짐승의 목젖 같은 돌기둥이 잘 보일지 알고 있기 때문이다

'자, 눈 감지 마시고'

터지는 카메라 불빛에 눈 감고 마는 사람들의 배후,
그는 매일 어둠을 찍는다
두 눈을 부릅뜬 그의 어둠은
사나흘 후, 동굴 밖으로 배달된다

* 눈이 퇴화된 동굴 생물

영락만화방

그는 또 문을 열어놓고 외출했다
침침한 불빛 아래 구석에 앉은 TV가 만화를 읽고 있다
사방 벽에 진열된 그의 부장품 속에서
나는 오늘도 천일야화를 꺼내었다
성적이지도 않고, 웃기지도 않는 극화
폭군과 하룻밤을 보낸 처녀,
하루의 목을 잘랐다
핏빛 노을 낭자한 정원에서
나는 권투장갑처럼 부푼 말 주머니 속
짧고 경쾌한 대사를 따라다녔다
순정과 무협을 나란히 꽂으면서
사랑과 전쟁이 이런 사이라고
중얼거리던 그는 돌아오지 않았다
버너 위의 라면냄비가 끓는 동안
영원한 안식을 주겠노라고
두어 차례 찬송가가 들락거렸다

투 미스터 아수라

지하 깊은 곳에 흐르는 물줄기가 내 꿈을 간섭해요 내 안에 흐르는 물줄기가 당신의 콧노래를 따라 흘러요 노래가 된 내가 지하 깊은 곳에 흐르는 두 얼굴의 당신을 간섭해요

화요일과 수요일 사이에 긴 강이 흘러요 강을 사이에 두고 저쪽에서 바라보고 있는 당신을 나는 알지 못해요 누군가의 이름을 외쳐보았지만 그대의 이름은 아니었죠

늦봄의 붉은 동백이 그대의 이름인가요 눈앞에 피어 있는 당신, 당신 하고 불러 본 이름이 모가지 째 툭, 발밑에 떨어지는 건 내가 아는 그 무엇보다도 괴로운 일이죠

룰루랄라 룰루랄라, 사랑한다는 말 우리 잊기로 해요 난 당신의 이름을 부르지 않고 당신은 내 노래를 따라오지 않기로 해요 녹슨 거울 속 두 개의 얼굴 강물에 던져버려요

예와 아니오 사이에

흰 종이 위에 '신정민' 을 썼다
신정민에 관한 질문이 시작되었다

당신은 지금 신정민을 썼습니까, 예
당신은 신정민을 압니까, 아니오
당신은 신정민에게 폭행을 당한 게 사실입니까, 예
당신은 살아 있는 신정민을 본 적이 있습니까,
그러니까 그가 신정민이라는 것을……
예와 아니오,로만 대답하시오
당신은 살아 있는 신정민을 본 적이 있습니까, 아니오

형광등은 잠들지 못하도록 깜박거린다
신정민을 죽인 사실이 있는지 자꾸만 묻는다
검은 창문에 신정민이 나타났다 사라지는 동안
나의 시선은 거짓을 증명하는 왼쪽에 있다
꾸벅꾸벅 조는 동안 예와 아니오,가 튀어나온다
손끝에 연결된 심장박동이 불규칙하게 기록된다

수정되지 않을 대답들, 모두 사실이다

'당신은 신정민입니다'
그래프의 떨림선이 움찔, 소름 돋는다

모래시계

태안반도 신두리는 거대한 모래시계

조용한 소용돌이 쪽으로 세상이 기울고 있다
키 작은 갯메꽃이 삭풍에 맞서고
가시 풀을 뜯는 소가 멀리서 버티고 있다
썰물이면 바람의 나이테가 백사장에 드러눕는 곳

모래지옥으로 빨려 들고 있다
세상이 바늘구멍을 통과하고 있다
쉼 없이 새어 나가는 모래하늘
발밑에는 밤새 모래언덕 하나가 생겼다 사라지고
짙은 해무가 지워 버린 옛길이 신기루처럼 보인다

바다는 또
모래를 한 트럭 부어놓고 갔다

배를 더 멀리 대야 했다

제4부

말줄임 혹은 말없음

소슬금강저꽃문

– 그런데도 문이 있는 것은
열려 있다는 것을 알려주기 위해서다

청도 적천사 문턱을
나, 넘지 못하네
동방지국천왕 갑옷 아래 숨어 있는 망구스
나를 노려보네

대웅보전 어칸 꽃문,
소슬모란 거기 두고 나,
여기 서 있네

오래* 앞에 서 있네
없는 문을
있나 우기며 서 있네

* 문門의 순 우리말

돌 속의 길이 환하다

밤새 내린 눈을
모포처럼 둘러 쓴 길이
꽁꽁 얼어붙은 강을 건너고 있다

눈길 위로 걸어간 발자국,
먼저 간 발자국 위를 다시 걸어
뒤엉킨 길이 또 하나 걸어가고 있다

강둑에서 멈춘 발걸음들,
문득 발자국의 임자가 궁금하다
강 건너에 도착한 풍경들 마주보고 서 있다가
발이 시릴 때쯤 안다

멀리 있는 하늘이 제일 먼저 이 길을 건넜으리라

그 아래 몰골 드러낸 산이 건넜을 테고
그 다음엔 산등성이 그림자가

털갈이하는 짐승처럼 서 있는 나무들이
눈길 위에 발자국을 남겼으리라
건너 온 길 바라보며
제 발자국 헤아리지 않으며
얼어 있는 강 밑으로 흐르는 물소리
묵묵히 듣고 있는 것이다

건너지 않고 서 있는 나를 아무 말 없이 기다리는 풍경
강 건너 저쪽으로 걸어 들어간다

여차에서

해가 지자
사람들은 풍경에서 돌아섰다
해가 다시
어두워진 산마루의 창문들과
인적 없는 국도 가로등에
한 줌씩 나뉘어 뜰 때까지
아무 말도 하지 않았다
모두들 어딘가에 두고 온 집이 있어
그곳에 전등불 하나씩 켜고 있는 것이었다
젖 문 어린것의 달큰한 저녁
잠시 들린 여차*
탁주와 묵 한 사발의 안주가 노을을 부추기고
건배 없는 조용한 술자리가
누군가의 콧노래를 들어주었다
여차하면 죽어 버리겠다던 회의주의자
여우 피하자 호랑이 만나
그래도 살아야 하는 거 아니냐고

말을 슬쩍 흘리는 것이었다
무언가 알았다는 듯 타닥타닥
맵지 않은 참나무 타오르며
못 들은 척 딴청부리는 것이었다
어두워진 뒤에서야
불빛을 보이는 사람들
이 밤 지나면 홍포로 떠날 이에게
모난 돌멩이들 지들끼리 부딪혀
파도소리 둥글둥글한 이유
꼭 듣고 가라고 당부를 하는 것이었다

*거제도의 한 지명

가시거리

그것은 둥근 것이었다

나와 수평선과의 거리는 가까워지지 않았다

바다는 둥근 것
과일들이 둥근 이유는
그러니까 나는 사과 한 알과도 거리가 있었다
다가간 그 곳에서 또 그만큼 멀어지는 거리

눈물, 그리움, 슬픔……

나는 금기시 되어 온
둥근 말들 가운데 찍힌 점이었다
그것들이 겨냥한 과녁이었다
내가 바람과 햇살을 자주 말하는 것은
가 닿을 수 없는
저 둥근 것들을 명중시킬 수 있는 것이

그것들뿐이기 때문

그것들은 벌써 둥근 것이었고
둥글어지기 위해 필사적이었던 것은
나뿐이었다

얼음섬

너의 무표정이 어디서 왔는지
자전하는 낮과 밤에게 묻는다

의자에 앉아 손님을 기다리는 너의 깊은 두 눈은
이미 어두워진 오후 네 시

좁고 어두운 수정동 뒷골목
너의 가게를 찾아올 손님은
밀항선을 타고 온 모스크바

붉은 립스틱을 바른 입술은
너의 얼굴을 더욱 창백하게 하고
털 많은 캐시미어 숄 아래
울 수 없는 어깨는
집시들의 바이올린 소리를 더욱 흐느끼게 한다

슬픔을 가장 잘 표현하는 뱃고동이

너를 데리고 백야로 떠나곤 하였지만
남쪽으로 남쪽으로만 흘러가는 사월

부두 근처 까페 쏘냐

고양이 2

거봐, 눈 감을 새도 없이 달리는 바퀴에 부딪혔잖니, 잘 보고 다녀야지 쯧쯧, 몸속의 그 많은 야—옹, 야—옹은 다 어찌 할래, 뛰쳐나가지 못하게 된 밤들은 어찌 할까, 여기저기 흩어져 있는 얼룩무늬들은 또 어떻게 하지, 그러게 아는 길이라고 함부로 건너지 말랬잖니, 밥 먹으면서 책 보지 말랬잖니,

무지개 송어 낚시터에는 송어가 없단다, 하지만 우리, 송어를 잡을 수 있다는 믿음을 가져야 해, 오늘은 물고기를 잡을 수 있을 거야, 발이 꽁꽁 얼었네, 조금만 더 참으면 송어가 미끼를 물겠지, 그럼 네게 맛있는 물고기 반찬을 해줄 수 있을 텐데, 어항 속의 금붕어를 또 먹지 않았네, 송어가 찌를 물 때까지 조금만 기다려, 미안,

모나리자의 눈 화장

흔들리는 차 안에서 눈썹을 그린다

이른 아침 출근버스 안
손거울 속에서 얼굴을 꺼낸다
창밖에 날고 있는 새의 날개
그녀의 눈썹인가
차가 덜컹 흔들릴 때마다
눈썹 산을 어디에 세울지 좁은 이마와의 거리를 잰다

숨어 있는 먹이를 향해 멈춤 비행 중인 수리의 날개

모퉁이를 돌 때였나
날개를 서어보는 눈썹
그녀의 입가에서 웃음을 본 듯하다

능숙하지 못한 솜씨 때문에 지워 버린 아침눈썹들
새가 되어 날아다닌다

소문

벽 속엔 쥐떼들의 통로가 있다
그들의 최종 목적지는 ON, OFF
스위치와 스위치 사이로 몰려다니며
누군가의 손이 닿기만을 기다린다
작고 붉은 눈알을 굴리며
불을 켠 뒤에도 빠져나가지 못해
가늘고 긴 꼬리를 들키고 만다

훤한 것 같지 않은 세상, ON
제대로 어두워 본 적 없는 세상, OFF
스위치에 쏠려 있는 긴장들
배관 파이프를 타고
아래층 여자의 웃음소리가 올라온다
위층 남자의 변기물이 내려간다
어디선가 고기 굽는 냄새가 올라온다
단단한 벽을 갉아대는 소리 내려간다
벽에 갇힌 쥐떼들, ON 혹은 OFF

컵에 물이 없을 때

캄캄한 방에서 눈을 가린 채
검은 나비를 찾아요

캄캄한 방에서 눈을 가린 채
있지도 않은 검은 나비를 찾아요

캄캄한 방에서 눈을 가린 채
있지도 않은 검은 나비를 찾다가 갑자기
야, 잡았다 외쳐요

부메랑

말이 돌아왔다
사랑한다고 했는데 미워했다고

봄이 돌아왔다
내 앞에 툭, 꽃이 피었다
저 많은 꽃들은 누가 던진 것인가

긴 궤적을 그리며 돌아오는 것들
내 손을 떠난 그들의 속도와 비행경로에 대해
나는 아무것도 알지 못했다

사람들이 돌아왔다
어디선가 본 듯한 사람들
가방을 내려놓고, 옷을 벗고 있다
태어나면서 움켜쥐고 나온 죽음

어디까지 날아갔다 방향을 돌린 걸까

함부로 던질 일이 아니었다
그러니까 나는 던져진 그 곳으로
돌아가고 있다

마력

도대체 하루는 몇 마리의 말이 끌고 있는 걸까

쉿!
말발굽 소릴 들어봐

그래, 바로 거기

거리 불빛과
바람에 휘날리는 가로수 갈기들 사이,
철책 담장을 타고 오른
노인이 풀들의 아랫도리 치는 소리
구멍 많은 피리골목
쇳소리 넘어뜨리며 달려오는 아기 울음소리와
화창한 날 우산 고치라는 고함소리, 그 사이
홈통에 빗물 떨어지는 처마 밑
내 심장 뛰는 소리,

귀 막고 들어봐

손금

전봇대에서 전봇대로 건너가는 전선들
어지러운 도시의 손금들

채원 헤어모드로 들어가는 생명선이 짧다
도레미 당구장으로 기어드는 운명선이 짧다
까루소 음식점으로 끌려가는 재물선도 짧다

고생깨나 할 것 같은 길목
온다 간다 소문 없이 간판만 남은 가게들
세상이 손을 쥐었다 폈다 할 때마다
굵어지던 손금이 허공에 깊이 패여 있다

저기 저 창 밖, 지문 없는 도시
사방팔방 잡아당겨
어느 쪽으로도 쓰러질 수 없는 손금에
내일이 없다

나도

나도강아지풀 나도개별꽃 나도겨이삭 나도냉이

강아지풀이 있고 나도강아지풀이 있다
개별꽃이 있고 나도개별꽃이 있다

나도 사람이란 말, 얼마나 자주 썼던가
들풀과 들꽃 틈에 사람이 있고 나도 사람이 있다

아, 야, 어, 여 살다보니
너도개미자리 너도양지꽃 너도제비란 너도밤나무

너도 사람이란 말, 무슨 말인지 알 것만 같다

가벼운 상자

표준 사이즈 목관들이 트럭 가득 실리는 동안
조. 용. 하. 다. 너. 무 조. 용. 하. 다

주택가 한가운데서 장례문화를 선도하는 반지하 부평 기업
상자마다 비어 있는 자리 만들어
조. 용. 조. 용. 지상으로 올려 보낸다

작고 마른 주검 틈에 채울 두루마리 화장지도 잊지 않고 챙긴
부풀대로 부푼 트럭이 조. 용. 조. 용. 좁은 골목을 빠져 나간다

어딘가에 몸을 풀고 빈 트럭이 돌아올 무렵
차곡차곡 접힌 상자를 끌고 가는 어느 노파의 늦은 오후도
조. 용. 조. 용. 함께 사라진다

공원묘지

한 문장이 끝났다
마침표를 찍었다
또 다른 문장이 시작되었다
시작된 문장이 다시 끝났다
마침표를 찍었다
모든 문장이 마침표를 향하고 있다

죽음은 얼마나 많은 문장을 가졌는가
만연체의 삶 속에 끼어있는 수많은 부호들
가서 당도하면 모두 마침표가 될 것이다
여기저기 사람들이 문장 속에 박혀 있다

땅 속에 반쯤 묻힌 둥근,
말줄임 혹은 말없음의 기호들
한데 모여 있다
모든 문장이 여기 와서
다시 시작되고 있다

□ 해설

겹눈으로 읽은 '뫼비우스의 띠'로서의 생

오태호(문학평론가)

1. 역설(逆說)의 더듬이

신정민 시인은 역설(逆說)의 더듬이를 활용하여 세계를 해석하고자 한다. 그 더듬이는 사물의 존재 양태가 지닌 이중적이고 양가적인 의미를 함께 읽어내고자 할 때에 유용하다. 그리하여 시인은 처음과 끝을 동시에 주목하는 복안(複眼)을 지닌 존재가 된다. 시(始)와 종(終)을 함께 응시하는 태도는 대상의 본질을 파악해내려는 방편에 해당한다. 이제 한쪽 면만을 확대하여 편견에 빠지는 일이 없게 하기 위해 시인은 겹눈의 시선으로 우리 생의 풍경을 응시한다.

시인은 시집의 첫 머리에 실린 「맨 처음」에서 생이 시작된 곳에서부터 썩기 시작해야만 하는, 즉 생장과 부패가 동시에 진행되는 사과의 숙명적 풍경을 읽어낸다.

> 사과는/ 사과 꽃에 앉은 벌의 더듬이가/ 맨 처음 닿은 곳에서 썩기 시작한다/ 바람이 스쳐간 곳/ 햇볕이 드나들며 단맛이 돌기 시작한 곳/ 맨 처음 빗방울이 떨어진 곳/ 사과/ 먼 기찻길에서 들려온 기적소리/ 사과의 귀가 맨 처음 열린 곳에서 썩기 시작한다// 익어가는 거야 // 씨앗을 품고 붉어지기 시작한 곳에서/ 사과는 썩기 시작한다/ 썩고 있는 체온으로 벌레를 키워/ 몸 밖으로의 비행을 꿈꾼다/ 온 힘을 다해 썩은 사과는 비로소 사과가 된다
>
> —「맨 처음」 전문

시인은 "벌의 더듬이가 맨 처음 닿은 곳"을 시작으로 '바람, 햇볕, 빗방울, 기적소리' 등과 만나면서 서서히 익어감과 동시에 부패가 진행되는 사과를 주목한다. 그때의 부패해가는 사과는 "벌레를 키워/ 몸 밖으로의 비행을 꿈꾸"며 "온힘을 다해 썩"으면서 "비로소 사과가 된다". 시인이 보기에 자연의 빛과 움직임과 소리로 잉태된 생명의 사과는 회임의 순간부터 썩어가기 시작한다. 생명과 부패의 동시적 진행이 성장의 한 국면을 이르는 서로 다른 두 가지 상반된 목소리에 해당하기 때문이다. 그러므로 태어나자마자 자연과 함께

온 몸으로 썩어가는 것이 시인이 파악한 '맨 처음 사과'의 생명의 탄생이자 성장과 부패, 소멸의 과정이 된다.

시인은 사과의 탄생에서 부패의 시작을 읽어내듯 생명체의 존재론적 본질을 읽어내기 위한 시도를 지속한다. 그리하여 날개의 자리를 차지한 눈으로 인해 "날개가 아니라 눈으로 날아다"닌 나방의 비극적 죽음을 응시하기(「큰눈무늬나방」)도 하고, 홍어를 보면서도 "말이 좋아 삭힌 거고 숙성"이라며 결국 "조금 상한 것"이라는 인식 속에 "사람만큼 상한 영혼을 가진 물건"(「홍어」)은 없을 것이라고 판단하기도 한다. '날개와 눈'의 전치, '삭힘과 상함'의 차이는 시인이 대상을 파악하는 인식론을 보여준다. 즉 시인은 대상의 본질을 시어의 의미론적 자질이 지닌 미묘한 차이로부터 치환(환유)과 압축(은유)의 사유를 통해 길어내고 있는 것이다.

그렇다면 '나방'이나 '홍어'처럼 미물을 통해 생을 비유하는 시인에게 다른 인간은 어떻게 인식될 것인가? 시인에게 인간은 상상력의 소재가 된다. 그리하여 시인의 시선에는 "매 순간 상상을 주문하"는 존재가 포착된다. "위가 없"어져 삼키는 모든 것이 "머릿속에서 소화"되어 "뜨거운 상상력만이 주식"인 '그녀'는 "실험용으로 쓰겠다"는 자신의 위를 "한때는 내 것이었으니/ 기념으로 반의 반만이라도 달라"(「그녀, 상상을 주문하다」)며 의사에게 조르는 특이한 인물이기에 시인에 의해 주목된다. 뿐만 아니라 시인은 "낡은 토슈즈를 신은 거리의 무용수"가 춤을 추는 모습을 보면서 "발끝으로 지구를 돌리"(「발끝으로 지구를 돌리다」)는 모습으로 치환하여 읽어낸다. 상상을 주문하거나 지구를 돌리는 '그녀들' 은 주문할 수 없는 상상을 주문하거나 무대가 아니라 거리에서 춤을 춘다는 점에서 비주류적인 존재들이다. 이렇듯 시인의 시선은 주류나 중심에서 비껴선 인물들을 향한다. 왜냐하면 시인은 "가둘 수(囚)를 쓸 때/ 사각의 한 귀퉁이"를 슬쩍 열어두면서 "숨 쉴 수 있도록/ 햇살이 오래 머물기"(「창(窓)」)를 바라는 존재이기 때문이다. 즉 상상을 주문하거나 지구를 돌리는 존재의 내면을 보듬어 주거나, 갇혀있는 자들에게 자유의 호흡을 누릴 수 있도록 숨통을 틔워주는 존재가 바로 시인인 것이다.

사과가 생명을 얻자마자 부패하기 시작하듯 시인은 '부메랑' 처럼 자신이 던져진 곳으로 되돌아오는 혹은 되돌아와야 하는 존재이다. 그리하여 '말과 봄과 사람' 이 돌아오듯, "태어나면서 움켜쥐고 나온 죽음"에 대한 사유 속에서 "던져진 그 곳으로 돌아가고 있"(「부메랑」)는 존재가 자신임을 확인한다. 시인은 이렇듯 역설의 더듬이로 세계를 인식하고 해석하고자 한다. "문이 있는 것은 열려 있다는 것을 알려주기 위해서"라고 생각하는 시인은 "오래(문(門)의 순 우리말) 앞에 서"서 "없는 문을/ 있다 우기며 서 있"(「소슬금강저꽃문」)는 존재인 것이다.

없는 것을 있다고 우기기도 하고(「소슬금강저꽃문」), 드러난 사실의 이면을 투과해 보기도 하고(「맨 처음」), 눈에 보이는 그대로를 받아들이는 것이 아니라 거꾸로 보거나(「발끝으로 지구를 돌리다」) 뒤집어 읽거나(「큰눈무늬나방」) 다르게 판단하려는(「홍어」) 시인은 역설의 더듬이로 세계를 해석한다. 그 해석은 때로 과학적이고 객관적이고 합리적인 이성의 세계에 반기를 드는 것으로 비춰지기도 한다. 하지만 인간의 상상력이 지닌 놀라운 힘은 가시성과 비가시성의 경계를 넘어 역설의 미학으로 모순된 세계의 경계에 핀 아름다움을 인식하도록 만든다. 그러므로 시인의 역설을 향한 더듬거림은 계속된다.

2. 생을 유영하는 향유(享有+香油)고래, 신정민

시인은 지나온 삶의 기억을 유영하며 용연향을 뿜어내는 '향유고래'가 되어 바다로 향해하고자 한다. 시인의 이러한 변신욕망은 현실에 대한 불만족에서 비롯된다. 그리하여 시인은 때로는 '신정민'이라는 이름의 진정성에 대한 회의(「예와 아니오 사이에」)로, 때로는 향유고래(「향유고래」)나 모나리자(「모나리자의 눈 화장」)나 아무르 불가사리(「아무르 불가사리」)나 미스터 아수라(「투 미스터 아수라」)로 변이하면서 자신의 생을 회억한다. 그러나 만족은 항상 연기와 유예를 통해 결핍으로 실현될 뿐이다. 그런데도 시인은 끊임없이 변신의 욕망으로 질문한다. '나는 누구인가?' 라고.

시인은 자신의 이름 '신정민' 을 흰 종이 위에 적고 스스로에게 질문을 시작한다. '예와 아니오' 라는 대답을 거쳐 " '당신은 신정민입니다' "라고 화면에 뜨고 "그래프의 떨림선이 움찔"(「예와 아니오 사이에」)하자 시인은 소름 돋는 느낌에 젖어든다. 시인은 거짓과 진실을 오가는 거짓말 탐지기 놀이를 하다가 자신의 이름에서 전율을 느낀다. 왜인가? 그것은 자신의 이름과 자신의 존재와 자신의 본질과 자신의 실존이 서로 동일한 감각 수준에서 합쳐지지 않기 때문이다. 이름과 정신과 육체와 사유가 '예와 아니오 사이' 에서 따로 노는 존재, 그것이 바로 "에덴에서 쫓겨나면서부터 달리기 시작"(「순간」)하게 된 인간의 숙명인 것이다.

시인의 내면에는 시인의 아홉 살 적 두려움이 원체험으로 새겨져 있다. 몰래 꽃잎을 따먹은 뒤 멈추지 않는 엄마의 딸꾹질을 보며 무서워했던 기억이 그것이다. 시인에게 꽃은 "이름 붙이며 놀"(「꽃들이 딸꾹,」)아준 친구 같은 대상이었는데, 그러한 꽃들을 먹은 뒤에 "엄마의 딸꾹질은 꽃"이 된다. 그리하여 엄마의 딸꾹질은 시인의 내면에 자리한 공포의 원형이 된다. 거짓말과 엄마와 딸꾹질과 꽃은 서로의 이미지를 먹으면서 무서움의 이미지로 각인되어 있는 것이다.

시인은 이제 그 유년의 두려움에서 벗어나기 위해 엄마의 곁을 떠나고자 한다. 그리하여 "기억을 향유하던 향유고래"(「향유고래」)의 이름이 "지상에서 바다로 거처를 옮기기로 결정한 그때" 생긴 것이라고 짐작하면서 스스로를 '향유고래'로 언명하고자 한다. 시인은 자신의 '향유하는 모습, 바쁘게 사는 모습, 풀어진 모습, 속 시원히 우는 모습'을 좋아한다는 '그'의 말을 들으며 "어느 기차역에서 울고 있던 여자"를 떠올리며 향유고래의 명명의 유래를 짐작하는데, 그것은 시인이 '향유고래'가 되어 지상에서 바다로 항해하고 싶은 욕망을 갖고 있음을 보여준다. 시인은 이제 '신정민'에서 '향유(享有+香油)고래'로 변신하는 것이다.

> 놀러가는 내게 그가 말했다 향유하는 모습이 좋아 보이네요 그때 난 향유고래가 향유란 이름을 어디서 얻었을까 궁금했다 뛰어가는 내게 그가 말했다 바쁘게 사는 모습이 좋아 보이네요 그때 난 어딜 가고 있는가 내게 물었다 술에 취한 내게 풀어진 모습이 좋아 보이네요 그가 말했다 궂은 날이면 아프곤 하던 관절들, 발길에 채여 저만큼 나동그라지던 몸뚱이 나선형 지하주차장을 내려가면서 뻘 속의 고둥들이 왜 몸을 나선형으로 키우는가 궁금했다 울고 있는 내게 너처럼 속 시원히 울어봤으면 좋겠어 그가 말했다 그때 난 어느 기차역에서 울고 있던 여

자를 생각했다 기억을 향유하던 향유고래 지상에서 바다로 거처를 옮기기로 결정한 그때 이름 얻었을 거라 생각했다

—「향유고래」 전문

시인은 지상에서의 기억을 향유(享有)하면서 거친 바다로 항진하는 '향유(香油)고래'가 되어 바다로 생의 거처를 옮겨가고 싶어한다. 그것은 '그'가 시인에게 좋아 보인다며 던지는 말이 시인의 본질에 가닿기보다는 시인의 몸을 겉도는 표피적 허상에 불과한 것임을 알고 있기 때문이다. 그러므로 시인의 미래 모습을 선취하고 있는 "어느 기차역에서 울고 있던 여자"처럼 과거와 기억의 냄새로부터 자유로워져 다른 세계로의 탈출을 꾀하는 것이다.

시인은 이제 다양한 존재로 변이하고자 한다. 시인의 변신 욕망은 내면의 욕구 불만을 해소하려는 방편이기 때문이다. 시인은 번식력이 좋은 "아무르 불가사리를 토막 내"서, '가방, 의자, 태양, 창문, 구름, 달' 등이 생겨나는 것에 이어 "눈부신 당신과 앙큼한 내가 셀 수 없이 생겨"(「아무르 불가사리」)나듯이 자신을 증식시키고 싶어한다. 그러나 그것은 헛된 망상에 불과할 뿐이다. 그러므로 이제 시인은 자신의 내면의 감옥에 갇힌 채 '지하의 물줄기와 꿈' 사이를 흐르는 "녹슨 거울 속 두 개의 얼굴"(「투 미스터 아수라」)을 끄집어

내고자 한다. 하지만 무의식의 심연에 자리한 양성성의 이중성을 드러낸다는 것은 자신의 속내를 밝히는 어리석은 행위에 해당할 뿐이다. 그러므로 시인은 그저 흔들리는 버스 안에서 손거울을 꺼내 "눈썹 산을 어디에 세울지 좁은 이마와의 거리를 재"다가 "숨어 있는 먹이를 향해 멈춘 비행 중인 수리의 날개"(「모나리자의 눈 화장」)를 눈 위에 그리면서 살아갈 뿐이다.

그렇다면 왜 시인은 이렇게 변신하고자 하는가? 그것은 도둑고양이의 몸속에 내재된 '야옹'이라는 말들이 "뛰쳐나가지 못하게 된 밤들"(「고양이 2」)이 허다하듯, 시인의 내면에도 분출되지 못한 언어들이 숨어 있기 때문이다. 시인은 하루하루를 견뎌내며 자신의 내면에서 숙성된 말들을 거리로 내보내고 싶은 것이다. 하지만 시인의 죄가 매일같이 머리카락으로 자라나기에 시인은 자신의 "죄에 대한 단서를 매일 한 움큼씩 흘리"(「단서」)며 살 뿐이다. 그리고 그 죄는 "사랑한 죄, 입 다문 죄, 눈 감아준 죄" 등이 되어 아침마다 한 주먹씩 걸레로 훔쳐내야 할 정도의 물중이 된다. 매일같이 죄가 자라고 죄를 씻고 훔쳐내야 하는 시인에게 "하루는 사람이 가장 두려워하는 높이"인 13미터에 해당한다. 그때 '두려움의 온도와 비중'으로 인한 괴로움의 비명 속에서도 시인은 매일같이 "두려움을 확인하러 암벽에 오르"(「13미터」) 내리기를 반복한다. 그것은 예견된 추락을 알면서도 하루하루 죄와 두려움 속에서 산 정상을 향해 바위를 굴릴 수밖에 없는 시찌푸스의 형벌이 숙명적 인간의 굴레인 것을 시인이 알고 있기 때문이다.

시인에게 인생이란 "어깨에 매달린 두 개의 떡 상자로 중심을 잡"으면서 떡을 사려는 사람들에게 "상자 속 찰진 눈물을 꺼내"(「줄타기」)서 절정에 달한 묘기를 부리는 것이다. 그렇게 '찰진 눈물'로 빚어낸 하루하루가 만들어내는 불연속적 연속의 그래프가 바로 인생인 것이다. 또한 고행 속에서도 끊임없이 시인이 언명하는 '바람과 햇살'은 "가 닿을 수 없는/ 저 둥근 것들(눈물, 그리움, 슬픔 등)"을 명중시킬 수 있는 자연의 화살(「가시거리」)에 해당한다. 그리하여 그것들의 이름을 부르며 시인은 "벌써 둥근 것"들을 향해 "둥글어지기 위해 필사적"인 몸부림을 부리는 존재가 된다.

시인은 둥긂을 지향하는 각진 존재로서의 천형을 짊어진 채 끊임없이 과녁을 향해 다가간다. 그 표정은 자신의 내면을 들여다보는 가운데 변신의 욕망으로 드러나기도 하지만, 결국에는 끊임없는 죄의식과 두려움 속에 하루하루를 버텨내는 존재의 숙명으로 사유된다. 그럼에도 "상자 속 찰진 눈물"의 끈끈하고 짭조롬한 연대감을 판도라의 상자 속 희망처럼 짊어지고 있기에 시인은 끊임없는 시적 고행을 감당할 수 있는 것이다.

3. 호모 파베르(제작인)로서의 시인

시인은 틈이 날 때면 손으로 직접 무엇을 만들어내는 일에 몰두하고자 한다. 무언가를 수공업적으로 제작한다는 것은 자신만의 독특한 관점으로 생산물을 새로이 가공한다는 점에서 시 창작과 유사성을 지닌다. 또한 수공업적 활동은 다른 사람이 만들어내는 것을 수동적으로 소비하는 것과는 다르게, 나의 손짓과 발짓과 몸짓이 시간과 열정으로 투기되어 즐거운 노동을 가능케 한다는 점에서 짙은 매력을 제공한다. 그리하여 시인은 목판화 찍기, 스웨터 짜기, 인형 만들기 등의 노동 속에서 생의 의미를 새로이 길어내고자 한다.

시인은 우선 하루를 찍어내고 싶어한다. 그것도 한 장만을 인쇄하는 판화기법인 '모노타이프'로 하루 한 장씩만을 돋을새김하면서 하루의 무늬를 찍어내고자 한다. '단 한 번' 이라는 것은 찰나적이고 순간적이어서 오히려 영원불멸의 감각을 일깨우는 경험으로서의 희열을 강조하기 마련이다.

> 하루를 찍어낸다/ 조각칼이 지나간 곳에 산이 솟는다/ 칼끝이 지날 때마다 길이 생기고/ 사람이 태어나고 꽃이 핀다// 내가 원하는 건/ 아직 귀가하지 않은 누군가의/ 불꺼진 창문을 돋을새김 하는 것/ 찢어질 듯 얇은 달빛 한

> 겹 스며든 지상 하얗게 떠오른다/ 강가의 물억새가 바람 부는 쪽으로 쓰러진다// 목판 위에 올려놓은 하루 한 장/ 먹물과 먹물 사이에서 불빛이 새어나온다/ 아주 조금 희미해져 있거나 몰래 흠집을 가지고 있는/ 하루, 온통 칼자국 투성이다/ 깊게 패인 곳이 더 선명하다
>
> —「모노타이프」 전문

하루를 찍어내는 시인의 손에서 조각칼이 지나면, 지나간 자리 위로 '산, 길, 사람, 꽃' 등이 자연스레 생겨난다. 그 하루의 궤적을 쫓으며 시인은 "아직 귀가하지 않은 누군가의/ 불 꺼진 창문을 돋을새김" 할 수 있기를 원한다. 외로운 영혼을 지닌 누군가를 위해 따뜻한 배려와 온정 어린 손길을 뻗고 싶어하는 것이다. 그런 감각과 서정으로 시인은 목판 위의 먹물과 먹물 사이에서 하루 한 장의 무늬를 찍어낸다. "온통 칼자국 투성" 이어서 "깊게 패인 곳" 은 더욱 선명하게 보이지만, 어떤 부분은 희미한 흠집으로 남아 흐릿하게 새겨지기도 한다. 하루 동안 얻어진 이미지와 감각과 풍경을 조각칼로 누비듯이 새기며 종이 한 장으로 빚어내는 장인 정신은 인생이 '모노타이프' 의 연속인 불가역적 세계에 해당함을 보여준다.

목판화 찍기에 이어 시인은 스웨터를 짜기도 한다. 목판화와 스웨터는 매일같이 새로운 세계를 만들어내는 창조 활동

이라는 점에서 닮아 있다. 시인은 "조금전 누군가의 따귀를 친 손"으로 여러 개의 바늘을 계속해서 움직이며 일 년 내내 '촘촘하게 혹은 느슨하게' 실을 풀었다가 다시 코를 걸고 구멍을 꼬며 매듭짓기를 반복한다. 그러면서 "여전히 알 수 없는 꽃무늬"(「스웨터」)를 그저 끊어진 실들로 스웨터를 짤 뿐이다. 시인은 누군가의 뺨을 쳐서 얼얼해진 손으로 실이 끊어진 줄도 모른 채 확실히 짜여진다고 확신할 수도 없을 스웨터를 짠다. 목판화로 하루의 생을 찍어내었듯 시인은 스웨터로 자신의 끈 떨어진 불확실성의 인생을 짜깁고 있는 것이다. 끊어진 실로 짜는 스웨터는 결국 죽을 때까지 멈출 수 없이 계속되는 시인의 짜깁기 인생을 함유하고 있는 것이다.

시인은 부업으로 인형 만들기도 하는데, "아직 앞뒤가 없"는 인형은 시인의 손에 의해 '얼굴과 뒤통수, 눈과 이마, 코와 입술' 등을 가진 인형으로 태어난다. 하지만 시인은 수천 개의 완제품 인형을 커다란 자루에 쏟으면서 "실컷 웃었더니 눈물이 나"(「부업―인형만들기」)는 '비극'을 완성한다. 인형의 얼굴 표정을 완성하면서 웃음과 눈물을 흘리는 것은, 생명을 불어넣는 진정한 생산자로서의 자긍심과, 인형에게 단지 표백된 감정만을 새겨주는 거짓 창조주로서의 열패감이 시인에게 뒤섞여 있기 때문이다. 시인은 때로 "깊은 바다 어딘가에/ 해를 만드는 대장간"에서 "둥근 가장자리 반반해지도록 담금질"을 하며 "맞을만큼 맞아야 빛나는 해"(「해」)

의 살을 펴는 존재이고 싶다. 하지만 "못 쓰게 된 비행기로 만들어서/ 닦을수록 빛"나던 어머니의 솥을 보며 유년시절을 떠올리던 시인은 비행기 추락 소식을 들을 때면 "몇 개의 솥을 만들 수 있을까"라며 남들에게 "빰 맞을 생각"(「솥」)에 젖어든다. 비행기 추락 사고에 대한 애도에 앞서 시인의 기억에는 솥이 된 비행기 잔해가 먼저 아로새겨져 있기 때문에 그러한 반윤리적 사고가 가능한 것이다. 기억의 공간에는 무의식의 지대처럼 윤리의식이 결여되어 있다. 그러므로 빰 맞을 생각임을 알면서도 시인은 유년의 기억을 통해 상상 속에서 추락한 비행기를 솥으로 제작하고자 하는 것이다.

생산자로서의 시인은 다양한 공사 현장(?)을 주목한다. 그리하여 '그늘진 곳'에서 타전되는 희망과 좌절의 목소리를 기록하고자 한다. 시인은 그늘진 공간에서 비롯되는 일상에 깊은 관심을 표명한다. 그리하여 시인에게 어떤 "집은 희망을 수리하기 위해 잠시 지상에 떠오른 구형 잠수함"처럼 탄도미사일의 추적을 피해 희망을 타전하지만, "아버지의 자전거가 녹슬고 있는 그 집"(「그 집은 잠수함이다」)은 여전히 수리 중인 공간으로 인식된다. 인생이란 구식 주택을 계속해서 수리하며 살아가야 하는 것인지도 모르는 것이다. 수리 중인 집을 보며 인생을 비유해보던 시인은 "가진 거라곤 햇볕뿐"이어서 "안방 깊숙이 드러눕는 볕이 가장 빛나는 세간"이었던 공터의 사람들을 둘러싸고 "그늘공사가 한창" 진행되는 모습을 응시한다. 그리하여 "그늘 값을 쳐주겠다", "햇볕 값을 흥정하러 다시 오겠다"(「그늘공사」)는 사람들에 맞서 농성이 시작되는 마을에 "수상한 냄새가 돌"고 있는 현장을 포착한다. 세계는 그늘과 햇빛으로 선명하게 나뉘어진 이항대립의 공간인 것이다. 그 속에서 시인은 어디로 향하는 것일까? 시인은 그늘 쪽으로 더욱 다가가고자 한다. 그곳에는 남들이 모르는 연민과 공감과 슬픔의 멍울들이 자리하고 있기 때문이다. 시인은 '어둠이라는 배경'을 늘 조심스러이 느끼는 '동굴사진사'를 주목한다. 그가 "존재증명 혹은 부재증명을 위해/ 수첩 속 내 아버지처럼 가장 근사한 포즈를 취하"는 피사체들을 향해 실패하지 않는 사진을 찍어대기 때문이다. 사진사는 "어디에 서 있어야/ 짐승의 목젖 같은 돌기둥이 잘 보일지 알고 있기 때문"에 실패 없이 사진을 찍을 수 있다. 이렇듯 동굴 속에서 "매일 어둠을 찍는"(「동굴사진사」) 사진사는 세상 속에서 매일 그늘 속의 어둠과 빛을 언어로 찍어내는 시인의 메타포가 된다.

하지만 언어로 사유하는 시인에게도 언어는 두려우면서도 낯선 풍경을 보여주는 무서운 실체다. 그리하여 시인이 손으로 "얼굴에서 입을 지우"자 '입이 붙은 손'이 말을 하기 시작하고, '무서워진 입(손)'을 석고상 얼굴에 문지르자 석고상이 말을 하기 시작하며, 석고상을 바닥에 내던져 깨뜨리자 발바닥에 입이 달라붙어 '발바닥 입'이 "걸을 때마다 울어"(「입」)댄다. 시인에게 입은 온 몸 여기저기에 붙어 꼬리에 꼬리를 잇는 소문을 낳는 애물단지로 인식되고 있는 것이다. 그러나 시인은 말과 입에 대한 무서움 속에서도 자신의 사유를 표현하기 위해 언어를 동원할 수밖에 없는 언어의 전도사이기에 말에 대한 두려운 고충을 상상적으로 토로할 수밖에 없다. 호모 파베르(도구인)로서의 시인은 호모 로퀜스(언어적 인간)의 어려움 속에서도 생을 비유하는 호모 사피엔스 사피엔스(사유인)가 되기 위해 세계를 끊임없이 해석하고 사유의 언어로 빚어낼 운명을 생래적으로 소유한 존재이기 때문이다.

4. '외롭고 높고 쓸쓸한' 풍경들

시인은 오래되거나 낯선 풍경들을 보면서 그 풍경의 빛깔과 무늬와 감각과 의미를 읽어내고자 한다. 시인의 시선에 의해 포착될 때마다 새로운 의미를 부여받는 풍경들은 실상 가변적 세계의 표정을 보여준다. 그런데도 시인은 "세상에서 가장 아름다운 건 모든 것이 제 자리에 있는 것"(「낙원표구사」)임을 믿는다. 그렇다면 천변만화하는 생장소멸의 세계에서 제 자리를 지키는 것이 과연 가능할까? 그것은 시인에 의하면 가능하면서도 불가능한 역설적 풍경에 해당한다.

시인은 경륜장에서 트랙 안을 돌다가 승패와 상관없이 트랙 밖으로 벗어나는 것이 제 자리로 가는 존재인 '경륜 선두유도원' 을 응시한다. 그 '선두유도원' 은 시인에 의하면 경기장 내에 실재는 하지만 여백과도 같은 존재라서, '승패의 기록이나 야유의 대상' 이 되어 관중의 관심 표명을 받을 수 없는 존재이다.

> 기울어진 길을 누가 제일 잘 달리는가/ 중심 밖으로 기울어진 여섯 개의 트랙/ 선두주자의 속도를 방해하는 바람을 막기 위해/ 그는 앞에서 달린다// 어디로 파고들 것인가/ 모든 기회는 그의 등 뒤에 있다// 골인지점을 향해 속도를 내야 하는 마지막 한 바퀴/ 허벅지의 근육들 팽팽해지는 찰나/ 그는 재빨리 트랙 밖으로 사라진다/ 수없이 달렸지만 그에겐 기록이 없다/ 빗발치는 야유마저도 그의 것이 아니다// 자전거는 삼백 개의 부품으로 달리고/ 사람은 단 하나의 외로움으로 달린다
>
> —「바람막이」 전문

시인은 기울어진 길을 가장 잘 달리는 바람막이 '경륜 선두유도원' 을 바라본다. 선수들을 위해 바람을 막으면서 앞에서 달리는 유도원의 등 뒤에 승리를 향한 모든 기회가 감춰져 있다. 그는 마지막 한 바퀴를 남겨두고 트랙 밖으로 사

라지는, 있는 듯 없는 실재계적 존재에 해당한다. "그는 앞에서 달리"지만 승리를 향해 파고들 "모든 기회"를 박탈당한 존재이다. 사실 인생이라는 경주는 그런 안내자 혹은 바람막이를 필요로 하는지도 모른다. 하지만 바람막이가 지녔을 외로움의 크기와 깊이는 과연 누가 알아주겠는가? 시인은 그 유도원의 모습에서 "자전거는 삼백 개의 부품으로 달리고/ 사람은 단 하나의 외로움으로 달리"(「바람막이」)는 모습을 읽어낸다. 그리하여 '경륜 선두유도원' 은 상처를 지닌 영혼들의 제일 앞자리에서 외로움의 바람을 막아내는 '고독한 시인' 의 다른 이름이 되는 것이다.

바람막이의 외로움을 읽어내는 시인은 "하루하루가 벼랑 끝인 자"(「뛰어내리다」)들이 맞닥뜨리는 절망적 현실과 그런 현실에서 극단적으로 파생될 수밖에 없는 죽음 풍경에 대해 주목한다. 그리하여 박봉규 노점상의 죽음(「홍어」), 개의 죽음(「순간」), 어린 양의 죽음(「초원에서」), 열아홉 처녀의 죽음(「뛰어내리다」), 차에 치인 고양이의 죽음(「고양이 1」) 등을 응시한다. 이들의 죽음은 서로 다른 차원에서 발생하였으며 서로 다른 관심 속에서 서서히 잊혀져갈 뿐이다. 하지만 시인은 그런 사라지는 존재의 주검을 주목하여 그 의미의 진정성을 건조한 상징의 언어로 다시금 풀어낸다. 왜 그렇게 하는가? 그것이 언어로 사유를 풀어내는 시인이 할 수 있는 가장 절절한 애도의 방식이기 때문이다. 시인은 그저, 벽

속에 있는 "쥐떼들의 통로"(「소문」)에서 전기 스위치 사이를 돌아다니는 소문을 읽어내기도 하고, 어둡침침한 방에서 "있지도 않은 검은 나비를 찾다가 갑자기/ 야, 잡았다 외치"(「컵에 물이 없을 때」)기도 하는 등 비가시적 존재의 의미를 끄집어내는 비유와 상징의 마술사에 불과할 뿐이다.

감은 눈으로 '해를 만들어내는 바닷속 대장간'(「해」)을 상상하는 시인에게도 궁금한 것이 있을까? 시인은 "도대체 하루는 몇 마리의 말이 끌고 있는 걸까"(「마력」)를 질문한다. 그것은 힘겨운 하루를 끌어가는 운명의 힘의 실체가 궁금하기 때문이다. 마력으로 표현될 '말발굽 소리'는 '노인이 풀들의 아랫도리를 치는 소리, 피리골목의 쇳소리, 아기 울음소리, 고함소리, 시인의 심장 뛰는 소리'를 종합하는 것에 버금간다. 그리하여 시인은 일상에 지쳐 허덕이는 사람들에게 '말발굽 소리'가 감당하는 다양한 존재의 소리를 귀 막고 들어보라고 권유하고 있는 것이다.

하루의 버거움을 읽어내는 시인은 이제 외롭고 높고 쓸쓸하고 낯설어서 더욱 마음이 쓸리고 기대게 되는 풍경에 대해 말한다. 그리하여 "퇴역한 늙은 등대지기"가 "이발관을 열었을 때/ 그만 바다가 되어버린 평야"에서 "난바다의 머리를 다듬는 이발관"을 바라보며, "그리움이 해일처럼 일어서는 저녁"이면 파도소리 같은 "환청에 익숙한 적막"(「등대이발관」)을 읽어낸다. 시인은 퇴역한 등대지기가 개업한 '등대이발관'에 의해 평야가 바다의 이미지를 내면화하고 있음을 감지하는 것이다. 바다가 중첩된 평야의 이미지를 읽어내듯 시인은 "범일동 재래시장통에 있는 희망여인숙"이 50년 전의 역사와 사연을 가진 기찻길이었음에 대해 이야기하면서 자신에게는 "희망이란 말밖에 보이지 않"(「희망여인숙」)음을 고백한다. 이것은 역설의 더듬이를 지닌 시인이 '퇴역, 그리움, 희망' 등의 언어로 스스로가 서정을 내면화하는 낭만주의자가 되었음을 토로하는 것에 해당한다.

시인의 낭만주의적 속성이 가장 잘 드러난 시는 「돌강」이다. 달이 기울어 돌의 무덤으로 기어드는 밤강의 상상적 풍경을 잘 포착해내고 있기 때문이다.

> 달도 기울면 무덤을 찾는다// 금정산 동문 근처/ 사막을 건너온 달들이 돌이 되어 뒹굴고 있다// 수명 다한 달들의 계곡/ 둥근 빛은 썩어 없어지고 찌그러진 몸통만 남아/ 흐르는 물소리에 돌돌돌 구르다 보면/ 이 강의 하구쯤에서 남은 뼈마저 닳아 없어질/ 울퉁불퉁한 달의 기억// 쿵—/ 캄캄한 밤/ 미끄러지듯 지상에 도착하고 싶었지만/ 어둠에 그 큰 이마를 찧고 마는 소리/ 바람도 없이 숲이 흔들리는 건/ 지친 달이 또 하나 찾아들었기 때문
>
> —「돌강」 전문

시인은 기울어진 달이 무덤 같은 어둠 속으로 찾아들어오는 풍경을 응시한다. 수명을 다한 달들의 계곡이자 무덤인 '돌강'에서 "사막을 건너온 달들이 돌이 되어 뒹굴고 있"는 모습을 상상하는 것이다. 시인은 물 위를 '돌돌돌' 굴러 "강의 하구쯤에서 남은 뼈마저 닳아 없어질/ 울퉁불퉁한 달의 기억"을 음미한다. 이어 깊고 어둔 밤에 '쿵' 하는 큰 소리로 어둠에 이마받이를 하는 달의 소리를 듣는다. 그리고는 고요해진 강가로 지친 사람이 스며들듯 매일 밤 돌강을 찾아들어오는 달의 풍경을 가슴에 담는다. 그리하여 "달도 기울면 무덤을 찾는다"는 전언에서 시작된 「돌강」은 하나의 아름다운 진경산수화로 채색된다. 특히 '돌돌돌' 구르는 달의 소리와 '쿵' 소리로 달이 어둠에 도착한다는 상상은 달과 돌과 물과 강이 어둠과 죽음의 이미지 속에 적절하게 버무려지는 절경의 토대가 된다. 그리하여 '달의 돌 되기'는 무덤에서 시작되는 생의 표정을 응시하려는 시인의 사유를 보여준다. 어둠에 싸인 돌강의 풍경에서 시인의 상상적 개입에 의해 우리는 아름다운 날밤 풍경을 생생한 이미지로 마음에 새길 수 있는 것이다.

5. 마침표에서 시작(詩作/始作)하는 생

신정민 시인의 『꽃들이 딸꾹』은 '맨 처음의 사과'(「맨 처음」)에서 시작하여 '공원묘지의 마침표'(「공원묘지」)로 마감된다. 이것은 시인이 한 시집의 시작과 끝을 생장과 소멸의 뫼비우스 띠로 읽어내고자 함을 보여준다. 이렇듯 시인은 생명의 현장에서 부패와 소멸의 기운을 함께 읽어내고, 죽음의 공간에서 부활과 생기를 끄집어내고자 한다. 생명과 죽음은 인식론적 쌍생아의 관계에 해당하기에 시인은 죽음으로부터 다시 생을 시작하는 문장을 빚고 싶어하는 것이다.

> 한 문장이 끝났다/ 마침표를 찍었다/ 또 다른 문장이 시작되었다/ 시작된 문장이 다시 끝났다/ 마침표를 찍었다/ 모든 문장이 마침표를 향하고 있다// 죽음은 얼마나 많은 문장을 가졌는가/ 만연체의 삶 속에 끼어있는 수많은 부호들/ 가서 당도하면 모두 마침표가 될 것이다/ 여기저기 사람들이 문장 속에 박혀 있다// 땅 속에 반쯤 묻힌 둥근,/ 말줄임 혹은 말없음의 기호들/ 한데 모여 있다/ 모든 문장이 여기 와서/ 다시 시작되고 있다
>
> ―「공원묘지」 전문

시인은 '공원묘지'에 와서 문장의 끝을 의미하는 마침표 찍기의 행위를 음미하면서 "모든 문장이 마침표를 향하고 있다"는 문장과 인생의 진실을 읽어낸다. 이어서 마침표와

죽음을 연결지으면서 시인은 "만연체의 삶 속에 끼어 있는 수많은 부호들"의 의미를 반추한다. 그리하여 인생은 모두 마침표로 마무리될 수밖에 없음을 추인한다. 하지만 시인에게 마침표는 "모든 문장이 여기 와서 다시 시작되"는 양가적 표지로 의미화된다. 실상 문장은 다시 시작할 수 있지만, 인생은 공원묘지에서 다시 시작될 수 없다. 그렇다면 왜 묘지에서 새로운 시작을 말하는가? 그것은 죽음이 반성적 생의 다른 표정임을 시인이 알고 있기 때문이다.

시인은 생을 시작하면서 썩기 시작했던 '사과'에 대한 단상에서 마침표가 또다른 시작임을 읽어내는 '공원묘지'에 대한 단상으로 시상을 마무리한다. 인생이란 안팎의 구분이 불가능하거나 무의미한 '뫼비우스의 띠'처럼 결국 처음과 마무리, 생과 사가 한데 얽혀 서로 맞물려 돌아가는 불가해한 모순의 지대임을 시인은 역설하고자 한다. 그러한 역설(力說+逆說)의 더듬이는 계속해서 이 생의 방향을 감지하려 들 것이다. 우리가 그 더듬이가 길어낸 무늬들이 보여주는 외로움의 깊이와 넓이와 높이를 같이 더듬어간다면, '마침표에서 다시 시작하는 생'에 공감하게 될 것이다.